ソフトテニス技術力向上本

高田商業ノート
『ネットプレーヤーの極意』

著・紙森隆弘
（大和高田市立高田商業高等学校ソフトテニス部総監督）

JN108198

ベースボール・マガジン社

Contents 目次

ボールを打つ前の準備

第1章『ボレー』

Contents 目次

※本書は、基本的に右利きを想定した解説となります。

デザイン／黄川田洋志、井上菜奈美、
　　　　　中田茉佑、有本亜寿実（有限会社ライトハウス）
写　　真／宮原和也
編　　集／八木陽子
　　　　　佐久間一彦（有限会社ライトハウス）

ボールを打つ前の準備

打つ体勢が整わない中で打球するとミスが生じる。だからこそ、ミスを
しないためには、ボールを打つ前の準備が、非常に重要になってくる。
この章では、打球前に整えておくべき大切なこと、「グリップの握り
方」「待球姿勢」について解説していこう。ミスが多いという人は、
ボールを打つ前の準備がしっかりできているか、再確認してみるとミス
を減らすことができるかもしれない。

グリップの握り方

【基本的な3つのラケットの握り方】

利き腕側の足の前にラケットを置き、そのまま上からグリップを握る。
それぞれのグリップの握り方の特徴を紹介しよう。

ウエスタングリップ	イースタングリップ	セミイースタングリップ

握り方

地面と水平に握る

握り方

地面に対して垂直に握る＝
包丁握り

握り方

45度の角度で身体の外側に傾ける＝
ウエスタンとイースタンの中間の握り方

適したショット

ストローク／サービス／
ボレー／スマッシュ

適したショット

サービス

適したショット

ボレー／スマッシュ／サービス

ワンポイントアドバイス①

グリップの矯正は早めに

グリップの握り方は非常に重要なポイント。初級者ではストローク、ネットプレー、サービスすべてのショットに対応できるウエスタングリップが基本ですが、中級者以上になると、スライスサービスを打つ際はイースタングリップで握るなど、ショットごとに握り方を変え、より効果的な打球を打つようにしています。グリップの握り方が正しくないまま、練習を続けると、なかなか矯正できなくなるため初級の段階で矯正していきましょう。

球を叩くために2本指で操作

【2本指で操作】

ネットプレーでは、ボールを力強く叩かなければなりません。ボールを叩くためには、親指と人差し指の2本でラケットを操作し、残りの3本の指は緩めておくとリラックスした状態でボールを叩くことができ、ボールも走っていきます。

5本指で握るとかえって強く叩けない。2本指で操作することでより力強くインパクトできる

自分目線

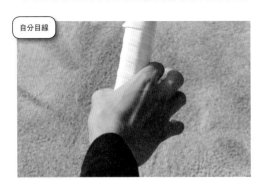

ワンポイントアドバイス②

人差し指は立てない

たとえば太鼓を叩くときに、人差し指を立ててバチを持つとバチがしならず、叩きにくくなります。それと同様に、グリップを握った際に人差し指を立てすぎていると、ラケットが操作しにくくなります。

ネットプレーの場合も人差し指でラケットを操作することが多いため、人差し指は立てずにラケットに添えるイメージで握ってみましょう。

自分目線

グリップを握ったときに人差し指を添えて握る

待球姿勢

【ヒザを落とす】

　ネットプレーヤーがネット前で待球姿勢をとるときは、足幅を肩幅よりやや狭くして、両足の拇指球（指と足のつけ根）に力を入れながら両ヒザの内側にも力を入れて内股のように構え、ヒザを下に少し落とします。

　そのときに地面からかかとを少し上げてしまう選手も多いのですが、かかとを上げると身体全体に力が入ってしまうので注意。かかとと地面の間は紙1枚が入る程度にしましょう。また、ラケットの先はネットの白帯に出るか出ないかの高さに置きます。

ヒザを落とすと、自分の目線からヒザ小僧やつま先は見えない

【ヒザを「落とす」「曲げる」の違い】

　私たちのチームでは、待球姿勢などを身につけることに時間を割きます。ボレーもスマッシュも格好よくとらせたい＝ネット前で立っているときも格好よく、オーラを醸し出せるネットプレーヤーになってほしいと思っています。また、待球姿勢を格好よくとることで、相手に対してプレッシャーをかけることができます。

　ネット前での待球姿勢について、多くの皆さんはヒザを「曲げて」立つと勘違いされているようです。

　しかし、曲げすぎるとかかとに体重が乗ってしまい、素早い動きができません。ヒザは「曲げる」のではなく、ヒザだけ「落とす」と意識を変えるとよいでしょう。

ヒザは「曲げず」に「落とす」

ヒザを曲げたり、伸ばしすぎたり、お尻が突き出ていたりすると力みが生じ、次の動作に入る際にスムーズに、スピーディーに動くことができないので注意しましょう。

ヒザを曲げすぎ

ヒザを
伸ばしすぎ

お尻を突き
出しすぎ

【ラケットをセットする】

まずネット前に立つ際には、全身をリラックスした状態にしましょう。そして、身体の前で半円を描くようにし、利き手の前にラケットが上がってきたところで利き手の逆側の手を添えてセットします。

右利きの選手の場合、左手を添えるときのラケットの向きはバック側でもフォア側でもどちらでもOK。また、ヒザを曲げるとリズムがとりづらく、ヒザを落としてヒザでリズムをとるようにすると次の動きにつなげやすくなります。

第1章

ボレー

この章では『ボレー』について60ページ以上を割いて解説していく。基本のポイントから、「身体の近くにきたボール」「遠いボール」「打球地点の違うボール」「予想とは逆のコースにきたボール」「軸足が逆足」……など、試合の中で起こり得るさまざまな状況を想定。日々の練習で取り組んでいる、想定場面の多さこそが、高商の強さの原動力といえる。高商の選手たちが身につけているテクニックを参考に技術力向上を目指そう。

基本中のキホン　正面ボレー

身体の正面で
ボレーはしない

前傾した状態から倒れていくイメージで

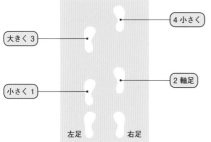

4 小さく

大きく 3

2 軸足

小さく 1

左足　　右足

正面ボレーとは？

　正面ボレーというと、顔の前でボレーをすることだと思っている人も多いかと思います。しかし、それは正しい正面ボレーとはいえません。ここでは、正しい正面ボレーの打ち方（足のステップとインパクト時の身体の使い方、ボールへの力の伝え方など）を説明していきましょう。

右足軸足、ラケットは利き腕の前にセット

正面ボレーの打ち方

　右利きならば、ネット前で待球姿勢をとり、1歩目は左足を少し前に出し、2歩目で軸足の右足を前に出して、その右足に重心を乗せてためをつくります（右足が沈んだ状態に）。それと同時にラケットを利き腕の前にセットし、軸足である右足に乗せた重心を前に移動させながら、右肩の前にきたボールをインパクトしていきます。

　打球後、左ページの図にある3歩目の左足を大きく、4歩目の右足を小さく出します。このとき4歩目の送り足を必ずつけましょう。

　顔の正面にきたボールをボレーすることが正面ボレーではないと、お話ししました。練習時は練習者も球出し者もそのことを理解していないといけません。ですから、球出し者は練習者の利き手側の前に上げボールをしましょう。

歩きながらボレー

歩く動作は右手が前に出れば、左足が出ます。言い換えると、左足が前に出たときは右肩が後ろに引かれます。これはボレーの打ち方と同じ身体の使い方なのです。実際にボレーを打つ前に、身体の使い方を覚え、「ボールに合わせてリズムをつくる」ボレーの基本練習をしておきましょう。

右手前

左足前

【歩きながらボレー】

歩くとき、左足が前に出たら右手も前に出します。つまり右利きの選手がフォア側でボレーをする場合、ラケットでボールをインパクトすれば（＝右手が前）、左足が自然と前に出て走り抜けるようになります。つまり「歩く＝ボレー動作」なのです。

ボレーの導入として、ネットから離れた場所で歩いてみることをオススメします。しっかりとボレー時の上半身、下半身の動かし方を意識していきましょう。

【ラケットを持って歩く】

「ボレーと歩く動作は同じ」ということが理解できたら、今度はラケットを持って歩いてみましょう。

ただし、利き手を前に出してインパクトする際、逆側のヒジが前に出てしまうとロックがかかってしまい、ラケットが前に出ていかないので注意。利き手を前に出す際は、逆側のヒジは引けているか、身体の動かし方をしっかり意識していきましょう。

ワンポイントアドバイス

前に倒れていくイメージでボールを押し出していこう

右利きの場合、動き出しの1歩目の左足が前に倒れていくイメージを持つことで、力みなくステップしていけます。そのため、打球時には身体が前に倒れていく力を活用してボールを押し出していきましょう。

ちなみに、待球姿勢は、つま先に体重を乗せ、倒れるか倒れないかくらいのイメージです。

身体が前に倒れていくイメージをつかむために、写真のように練習者が身体を前に倒し、その身体を補助者が支えて感覚をつかんでいくとよいでしょう。

歩く＝ボレー動作を理解して
身体の使い方を覚えよう

左手前　右手前

右足前　左足前

フォアボレー（クロスから飛んでくるボール）

斜めに飛んでくるクロスボールは身体の前でとる

クロスや逆クロスといった斜めに飛んでくるボールに対しても、身体の動かし方は正面ボレーと同じです。ただ、斜めのコースに飛んでくる場合は、身体の前でインパクトしなければなりません。

ただし、身体の前でとるからといって、ネットの前でインパクトすると身体が前のめりになってしまいます。これにより、ラケット面でボールを押し出すのではなく振ってしまうことになるため、ミスが増えてしまいます。ネットより後ろで、かつ身体の前でインパクトすることを意識しましょう。

クロスボールは
身体の前、ネットより後ろでインパクト

ネットよりラケットは前に出ない

正面ボレーはすべてのボレーの基本となる身体の使い方をしています。クロスに飛んできたボールをボレーする場合も、進行方向に対して身体の正面でボールをとることでミスが減ります。下の写真のように、身体の前でボレーをしていますが、ネットよりもラケットは後ろでインパクトしています。

このように、ネットより後ろでボールをさばけると、送り足が遅れて出ていきます。いい方を変えると、十分なためをつくった状態でインパクトすれば、インパクト後もしっかりと押し出すことができるのです。

フォアボレーの「引っ張り」と「流し」の違い

クロス

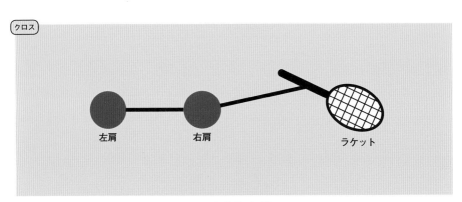

クロスから流すボレー

「流す」とは、右利きならば右側へ打つ場合のことをいいます。フォアボレーの際、打球者に返球するコースではなく、クロスから飛んできたボールを流すコースへ打っていくことで相手にフォローされにくくなります。上のイラストはクロスのボールを流すときのインパクト時のラケット面の向き。

「流す」ときは、身体が開いた状態でボレーします。左ヒジを使わず、インパクト時はネットよりも後ろでインパクトすることでコースづけできます。

ストレート

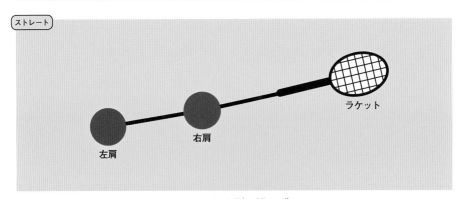

ストレートから引っ張るボレー

「引っ張る」とは、右利きならば左側に打つ場合のことをいいます。フォアボレーの際、打球者に返球するコースではなく、ストレートから飛んできたボールをコート内に引っ張るコースへ打っていくことで相手にフォローされにくくなります。上のイラストはストレートのボールを引っ張るときのインパクト時のラケット面の向き。

1歩目で左足をクロスさせながら出し、ラケットは身体に対して斜めにセット。軸足となる右足に体重を乗せ、インパクト後は肩が回ることでラケットを止める。

「流し」「引っ張り」では打点が変わる。
しかし、ともに打点は身体の前で

【ストレートから飛んできたボールを「引っ張る」フォアボレー】

「引っ張り」「流し」では打点が変わる

クロスから飛んできたボールもストレートから飛んできたボールも、身体の前でボレーすることが大切。ただし、クロスからのボールはネットより後ろでインパクト、ストレートからのボールはできるだけネットの前のほうで、かつ身体の前でとらえます。つまり打点が変わるのです。

そして、左ページのイラストのように両肩とラケット面の位置も変わってきます。ここではストレートから飛んできたボールを「引っ張る」フォアボレーの連続写真をクローズアップ。インパクト後は両肩とラケット面が一直線になっています。

クロスのフォアボレー（相手の打球地点の違い）①距離が短い

【相手の打球地点がコートの外寄り】

コート外寄り　センター　　打球地点

自分

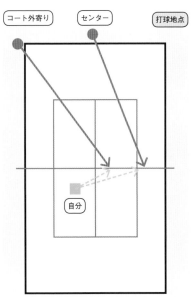

①

相手の打球者が
コートの外寄り
の地点からボー
ルを打つ場合

④

同じコースでも相手の打球地点により、ボールが飛んでくる距離が違うことを理解しよう

相手打球がコート外寄りから飛んでくる場合
走る距離が短い

　同じクロスのフォアボレーでも、相手の打球地点により、自分がインパクトする地点が異なり、さらに飛んでくるまでの距離が異なります。

　たとえば、下の連続写真では相手の打球者がコート外寄りの地点から打ってきます。その場合、コート図のようにセンターから打たれると

きと、相手打球の飛んでくる距離が違います。

　自分がボレーするまでの距離が短いのか、などを理解しているとミスも減ります。ぜひ、相手の打球地点も意識してボレーするようにしてみましょう。

相手の打球地点からクロスボレーをする場所までの距離が短い

クロスのフォアボレー（相手の打球地点の違い）②距離が長い

【相手の打球地点がセンター付近】

相手打球がセンター付近から飛んでくる場合、走る距離が長い

　上の連続写真では相手の打球者がセンター付近から打ってきます。前のページでも説明したように、その場合、コートの外寄りから打たれ

るよりも、相手打球の飛んでくるボールに対して走る距離が長くなります。

　そのため、相手がコート外寄りから打ってく

センターからの打球は、走る距離が長い。
よりコンパクトなボレーを

相手の打球地点からクロスボレーをする場所までの距離が長い

る場合よりも、素早くボレー地点に移動し、コンパクトにボレーをしていかないとミスが生じてしまいます。センターから打たれた場合、より素早くコンパクトに動いてボレーしていくように心がけましょう。

バックボレーの導入（右足つま先前にラケット）

ラケット―右肩―左肩が一直線＝右足のつま先の前でインパクト

バック側のボールをとる場合、ネットに対して身体を90度に向けてボレーする選手がいます。しかし、この体勢でボレーするとインパクト時にボールに力を伝えづらく、ラケットを振ってしまいます。フォアよりも力が入りづら

いバックハンドでは、より効率よく力をボールに伝えることが重要です。

バックボレーでは、右利きの選手ならばラケットと右肩、左肩が一直線上になった状態でインパクトしていくようにしましょう。別のい

右足のつま先の前に
ラケットを持っていってボレー

右肩を伸ばすと、ラケット─右肩─左肩が一直線になる。つまり、右足のつま先の前にラケットを持っていき、ボレーしている。また、インパクト後に送り足が出ていき、最後はケンケンするような姿勢に

い方をすると、右足のつま先の前にラケット持っていき、ボレーするということです。

また、フォアボレーはインパクト時に1テンポ遅れて送り足が出ていくことで、ボールを押し出しますが、バックボレーではフォアボレーよりも送り足が速く出ていくことで、力まずボレーが打てます。送り足のタイミングに注意してボレーしていきましょう。

バックボレーの導入（腰をひねる／ラケットのセット）

【腰をひねる】

力強いバックボレーをするためには、腰のひねりを生かす

前のページでも解説しましたが、フォアハンドよりも力が入りづらいバックハンドでは、より効率よく力をボールに伝えなければなりません。そこで、バックボレーはより一層、腰のひねりを生かした身体の使い方をしてボレーをしていきます。

では、腰のひねりを生むためにはどのような

身体の使い方をすればよいのでしょうか。下の連続写真のように、軸足である左足は地面についたままの状態で、右足はつま先立ちをして身体を伸ばすことで腰のひねりが生まれます。この状態からインパクトしていくと、腰のひねりの反動を使ってボールに力を加えていくことができるのです。

【ラケットのセット位置】

フォア「近く」　　待球姿勢　　バック「遠く」

左足は地面についたまま右足はつま先立ちに。腰のひねりが生まれる

足の裏をネットに
対して真横に向ける

バックボレーではラケットを「遠く」にセットできる

ラケットのセットについてお話ししていきましょう。バックボレーでは、ラケットのセット位置を遠くにセットすることができます。右肩、右ヒジがネットに対して前にあることによって、近くにきたボールに対してうまくさばけます。そのため、ラケットのセット位置は遠くに置くことができます。

逆に、フォアボレーではネットに対して右肩、右ヒジが後ろになるため、ラケットを遠くにセットすると近くにきたボールに対してうまくさばくことができません。そのため、セット位置は近くに置くことになります。そのようにフォアボレーとバックボレーのラケットのセット位置が違うことを理解しましょう。

バックボレー（遠いボールをとる／上半身の使い方）

リーチを伸ばすときの身体の使い方を知る＝右手を伸ばす

OK

左肩を引いて右肩が
出ることでリーチが伸びる

バックボレーとフォアボレーの違いはいくつかあります。まずフォアボレーは軸足を45度の向きに向け、斜め前に詰めていくのに対し、バックボレーは軸足を横向きにし、真横に詰めていきます。なぜならば、バックボレーはフォアボレーよりもボールをとらえる位置が遠いため、横に移動するほうが、腕が伸びやすくリーチが伸びるからです。

そのため、右利きならば右手を伸ばします。具体的には、左肩が後ろに引かれるイメージを持つと右手が自然と伸びていきます。

NG

左肩が引けていないと、
リーチが伸びない

左肩を引いて右肩が出ることで
リーチが伸びる

右手を伸ばすイメージづくり

バックボレーでは右手を伸ばして打っていきます。右手を伸ばすイメージができると、フォームもつくりやすくなるため、写真のように練習者がバックボレーのインパクト時の体勢をとりながら、補助者に右手を引っ張ってもらう練習を取り入れてみてもいいでしょう。

左肩が押され、左ヒジでボレー

フォアボレーとは違い、インパクト時に力を入れにくいバックボレー。だからといって右手に力を入れて打球していくわけではありません。右利きならば右手で飛ばすのではなく、左手、左ヒジを引いてボレーするイメージで打っていくと、身体のひねりが生まれ、その力を利用して力強く弾き返すことができます。

右の写真のように練習者の左肩を補助者が押すことで左手、左ヒジを引き、上体のひねりを生み出す感覚を覚えられると思います。ぜひ、試してみてください。

ストレートのバックボレー（遠いボールをとる）

相手

自分

1歩目の右足をクロス、身体のひねりを生かす

ソフトテニスでは、「相手のバックを攻撃する」というセオリーがあります。一般的にフォアハンドに比べ、バックハンドを苦手とする選手が多いため、もっともポピュラーな攻撃といえます。

バックボレーをするときというのは、相手に攻められていることが多く、厳しいボールを打たれ、より遠くにボールをとりにいかなければならない場面が多いはずです。相手の攻撃を跳ね返すため、弱点をなくすためにも、遠いボー

打点を前にして、ボールをコートの内側へ入れていく

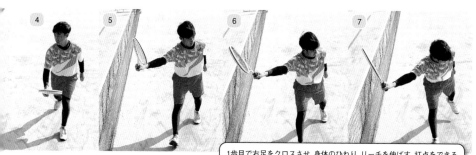

1歩目で右足をクロスさせ、身体のひねり、リーチを伸ばす。打点をできるだけ前にとることで、コートの内側にボールを入れていくことができる

ルでもしっかりバックボレーできるように、日頃から練習する必要があります。

　バックボレーの基本的な打ち方としては、1歩目の右足をクロスさせ、身体のひねりを使ってリーチを伸ばして打っていきます。特に、ス

トレートのバックボレーは、コート外側に飛んできたボールを、コートの内側に入れなければいけません。打点を前にとり、ラケット、両肩を一線にしてインパクトし、顔を後ろに向けてフォロースルーしていきます。

逆クロスのバックボレー（遠いボールをとる）

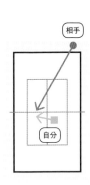

> インパクト後は打球を見ず、顔を後ろに向けることで、さらにリーチを伸ばしてボールを押し出している

相手

自分

外に逃げるボールに対し、打点は前でとらず、リーチを伸ばしてボレー

左肩が後ろに引かれるイメージを持つと自然と右手が伸びていく

逆クロスから打たれたボールをバックボレーする場合、相手打球はコート外へと逃げていくボールとなります。そのボールをとらえるためには、リーチが伸びていなくては対応できません。前述したように、左肩が後ろに引かれるイメージを持つと、右手が自然と伸びていきます。

また、左肩が後ろに引かれるということは、顔も自ずと後ろに向いていくため、ボールを見ない体勢でフォロースルーしていきます。

さらに、インパクト後は右足でケンケンするようにして、身体を残して対応しましょう。

バックボレー(異なる打球地点)①コート内側から

しっかりと身体が
コースに入っている

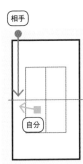

相手

自分

しっかりと身体をコースに入れて
引っ張りのボレーを

コートの中（内側）にラケット面を残し、引っ張りのボレーを打とう

インパクト後は、打ったコース（コート内側）にラケット面を残す

　同じコースでも相手の打球地点により、ボレーのとり方（身体の使い方）は変わってきます。しかし、このことを知らずにいつも同じとり方だったり、強引なとり方をしたりすると、ミスにつながります。

　ここでは、左ストレートの球をバックボレーする場面を例に解説していきましょう。クロスのポジションに入った相手のベースラインプレーヤーがストレートに打ってきたとき、コート内側から打ったならば、コースに身体を入れて、インパクト後は、打ったコースにしっかりとラケット面を残します。こうすることで、コートの中（内側）に向けて引っ張りのボレーを放っていくことができます。

バックボレー（異なる打球地点）②コート外側から

送り足である右足を大きく前に出し、さらにリーチを伸ばしている

隣のコートから球出し

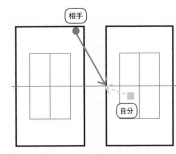

相手

自分

送り足の右足を大きく前に出す

フォロースルーでは
さらにリーチを伸ばすため顔は後ろを向く

前ページでは、「打球地点、ボールをとらえる位置により身体の使い方を変える」ことが大切だとお話ししました。

相手にコート外から角度をつけて左ストレートに打たれたボールに対応するには、身体全体を使ってリーチを伸ばしてボレーし、コートに入れていかなければなりません。そのためにも、インパクト後は顔を後ろに向けてリーチを伸ばしていきます。

そして、送り足である右足を大きく前に出すことでさらにリーチは伸びていきます。

フォアボレー（身体の近くにきたボール）

逆クロスのコート外から打たれた場合、ボールはコート内側に入ってきやすい

　相手が逆クロスのコート外から打ってくる場合は、特にサイドアウトにしたくないため、できるだけコート内側に打とうするでしょう。そうすると、必然的に、フォアボレーで押さえようとするネットプレーヤーの身体近くにボールが飛んできます。

　そのような場合、ネットプレーヤーは身体を逃がして通常よりもやや後ろ気味でインパクトすることで、コート内側に入ってくるボールをミスなくとらえることができるでしょう。

身体を逃がして、通常よりも後ろでとる

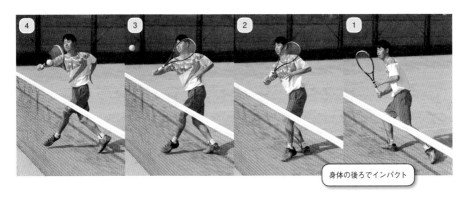

身体の後ろでインパクト

バックボレー（身体の近くにきたボール）

**フォアボレー同様、身体の近くに
飛んできたボールは身体を逃がしてとる**

クロスのポジションに入った相手のベースラインプレーヤーが、ややコート内側にストレートへボールを打った場合、ストレートを守りにいったネットプレーヤーにとっては身体の近くにボールが飛んできます。

コースに対して打球がやや内側に入ってきたと判断したら、軸足である左足を設定したあと、バック側に向いていた身体を外側に逃がしながら、ラケット面と上半身をボレー方向に残します。

ラケット面と上半身はボレー方向に向く

バックボレーを打つ形で軸足で地面を踏んでから、身体を逃がしてフォアボレー。
日頃の練習で、あえてコースがズレたボールを練習することも大切

ローボレーのラケットワーク①（8の字）

【①ラケットワーク】

ローボレーのスイングは、8の字を描くように

　写真のように、フォア、バックのローボレーは「8の字」を描くようにスイングすることを覚えましょう。フォアは、打点がやや後ろ気味で、フォロースルーで上にラケットを抜いてい

くイメージです。バックの打点は前で、こちらもフォロースルーで上にラケットを抜いていきます。このようなスイングをマスターすれば、ミスのないローボレーが打てるはずです。

テクニック
18 フォアはやや後ろ、バックは前でとる

【②グリップ】

緩く握る

　ローボレーは、コートの中間地点で対応するボレーです。そのため非常にさばくのが難しく、アウトだけではなく、ネットのミスも多くなります。写真のようにインパクト前まではグリップを緩く握っておくことで、身体全体をリラックスさせ、インパクトではグッと握り、ボールに力を伝えていきます。グリップの握りを意識し、ミスを減らしていきましょう。

ローボレーのラケットワーク②（フォア／バック）

【フォア】

打点はやや後ろ気味で

前ページの説明どおり、8の字を描くようなスイングで、打点は前でとらえて打っています。上体だけではなく、下半身でリズムをとり、ヒザを使ってボールを運んでいきましょう。

下半身でリズムをとりながら
スムーズなラケットワークでスイング

【バック】

打点は前で

　バックもフォア同様に下半身を使いながら、8の字を描くようなスイングで、打点は前気味にとっています。強引なスイングの軌道をとるとリズムが狂いますが、このようなスイングができれば、上半身、下半身がバランスよく、リズムよく、ローボレーを打っていけるでしょう。

ローボレーのステップワーク（フォア）

ステップの中でリズムよく。軸足設定時は身体を沈める

【フォア】

ステップする前に身体が伸び上がる

コート後方からネットに向けて前進する途中でローボレーする場面が多くあります。その際、「前に詰めながら、相手の打球者がテークバックをしたら一度止まってからローボレーをとりにいく」とよくいわれていますが、私たちのチームでは止まってからではなく、ステップしながらとりにいくイメージでローボレーをしています。

ステップする前に（①）少し身体を伸び上がらせ、軸足設定に向けて（③）身体を沈めていきます。

フォアステップ

③ ← 軸足は右足

2

1

左足　　　右足

写真①で身体を起こし、④で身体が沈む。軸足設定の④はかかとから入り、身体を沈めることを意識する

ローボレーのステップワーク（バック）

軸足設定はかかとから

【バック】

止まると変化のあるボールに対応できない

　基本的なフットワークの流れはフォアと同じです。コート後方からネットに向けて前進。ステップに入る前に一度身体を起こし（①）、そこから軸足設定し（バックでは軸足は左足）、身体を沈める。インパクト後のフォロースルーと同時に身体を伸び上げていきます。

　前述のように、よく誤解されているのが「前進しながら、相手の打球者がテークバックする際にジャンプをしていったん止まる」ということ。止まってしまうと、いろいろな変化のあるボールに対応できず、ミスをしやすくなります。ステップの中でリズムよくローボレーしていきましょう。

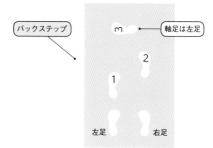

バックステップ　　　　軸足は左足

3

2

1

左足　　　右足

バックもフォア同様に、前進後のステップに入る直前に一度身体を起こし（①）、写真③〜④で軸足設定。軸足である左足をかかとから入り、身体を沈めてインパクト

ディフェンスボレー（フォア）

威力あるボールを身体の前でボレー

ディフェンスボレーは、相手が前に詰めながら早いタイミングで打ってきたボールをボレーしなければなりません。攻めてくるボールのため、勢いもありますが、逃げずに、しっかり身体の前でボレーすることが大切です。

ボレーのとり方としては、ボールが飛んでくるまでの時間が短いため、サイドステップで2歩移動してとるイメージでボレーしていきましょう。

下の図のように、写真②の左足を前に出したときに身体を起こすことと、ボールを上から見ることを意識しましょう。

フォアのステップ

左足　右足

サイドステップを使って2歩でとる

右利きならば、左足を前に1歩出し、そのときに身体を起こすこと、ボールを上から見ること(②)を意識する

相手がテークバック完了の動きと同時に、ネットプレーヤーはサイドに寄り、左足「1」、右足「2」のリズムでボレー

ディフェンスボレー（バック）

ボールを上から見て腰から当たっていくイメージで

フォア同様に、ディフェンスボレーは上からボールを見て胸を張り、腰から当たっていくイメージをつくりましょう。威力あるボールが怖いからといってネットの下に隠れてしまうと、ボールを下から見ることになり、さらに恐怖心が増してしまいます。

しかしながら、一般的にディフェンスボレーではフォアよりもバックで対応するほうがとりやすく、特に試合ではバックでのディフェンスボレーが多いのではないでしょうか。基本的なボレーの仕方はフォアと同じでサイドステップ2歩でとります。

下の図のように、写真②の右足を前に出したときに身体を起こすことと、ボールを上から見ることを意識しましょう。

バックのステップ

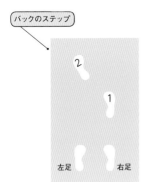

左足　　右足

相手がテークバック完了の動きと同時に、ネットプレーヤーはサイドに寄り、右足「1」、左足「2」のリズムでボレー

上からボールを見ることを意識する

右利きならば、右足を前に1歩出し、そのときに身体を起こすこと、ボールを上から見ること（②）を意識する

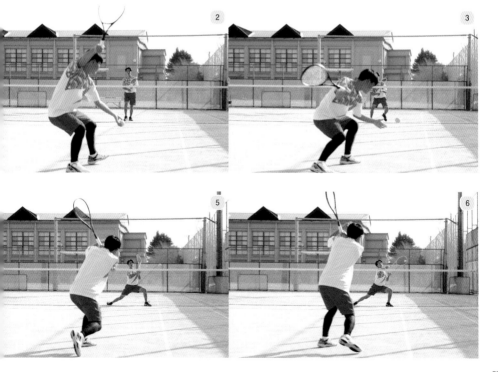

ディフェンスボレー（逆をつかれる場合）

【バック→フォア】

バックボレーをとりにいく体勢に入ったものの、飛んできたボールがコースより内側に入ってきたため、写真③④では身体を内側に入れてボレーしている

【フォア→バック】

踏み出した右足を軸足にして、身体を逃がしてボールを前でさばく（フォアよりやや後ろ気味に）

右足を軸足設定したものの、飛んできたボールがコースより内側に入ってきたため、身体を開いてラケット面をボールのコースに設定してボレー（④～⑤）

予想したコースより身体の内側に飛んできたら、瞬時に身体の向きを変える

相手が前に詰めて早いタイミングで打ってくるボールをとる際、予想したコースよりも身体の内側にボールが飛んでくることがあります。

自分を狙ってきた相手のチャンスボールは、ベースラインプレーヤーもカバーしきれない場合も多く、だからこそ、逆をつかれたとしても

逆をつかれても対応可能に。
身体を逃がしてボレー

3　　　　　　　　4

踏み出した左足を軸足に
して、身体を逃がしてボー
ルを前でさばく

3　　　　　　2　　　　　1

アタックを止めていかなければなりません。
　ボレーのとり方としては、瞬時に身体の向き
を変えて身体を逃がし、逆をつかれたボールに

対応していきます。

ディフェンスボレー（体重移動）

【逆をつかれる場合のディフェンスボレー】

ディフェンスボレーでは、「1」の軸足設定時にかかとから入り、軸足に頭が乗り、最後にボールを打つイメージで打っていきます。このようにして、相手の威力あるボールにしっかりと体重移動して対応します。これは逆をつかれたときも同様です。写真のように、フォア側にボールをとりに行きながら、バックでボレーしても、軸足の左足から右足へと体重移動がされています。

【通常のディフェンスボレー】

写真のようにしっかりとした体重移動で相手の剛球を止めていきましょう。フォアならば左足のかかとから入り、左足に頭が乗るイメージで動きます。その後、右足を斜め前に出してインパクト。バックならば、右足のかかとから入り、右足に頭が乗り、左足を斜め前に出してボレーします。

ワンポイントアドバイス

アタック止めの練習での注意点

多くの人が恐怖心のあるアタック止め。恐怖心を徐々に取り除くためにも、同じディフェンスボレーでも、正面からではなく、斜めに飛んでいくボールから練習していくことをオススメします。

ポイントとしては、相手の打球者がスイングし始めたときに1歩目のステップをし、インパクト寸前に軸足を設定するタイミングでディフェンスボレーをするとよいでしょう。

軸足に頭が乗り、
最後にボールを打つイメージで

身体を起こし、ボールを上から見ることと、2歩目の足ができるだけ早く着くことを意識

サイドステップからのディフェンスボレー

【ストレートの守りのバックボレー】

サイドステップで入り、全体的にコンパクトにバックボレーしている

通常のバックボレーとは異なり、コンパクトなボレーを

ここでは、ストレートのディフェンスボレーについて説明します。場面としては、クロスラリーから相手ベースラインプレーヤーがストレートへ打ってきたとき、右利きのネットプレーヤーはストレートを守るため、バックボレーをしにいきます。その際に気をつけたいのは大きく入っていかないこと。通常のバックボレーであれば、クロスステップから胸を張って大きくバックボレーの体勢に入ってボレーしていきますが、上の連続写真のようにサイドステップで小さくバックボレーの体勢に入っていくとミスになりにくいです。

【通常のバックボレー】

サイドステップは小さく

②でクロスステップし、大きなステップを踏んでいる。⑥で胸を張り、その後のインパクトで相手ボールを弾いている

ダブルフォワード用のローボレー（フォア）

正面を向いたままローボレー

　最近は、ネットプレーヤー、ベースラインプレーヤーに関係なく、試合の中でローボレーをする機会が増えてきました。また、ローボレーする場面というのは、自分（自分たちペア）がコート中間で攻められている状況ともいえます。つまりディフェンスとしてのローボレーをする機会が多いということです。相手は足元、ボディ…などミスを誘うような厳しいコースへ打ってくるので、確実に返球できるようにしたいプレーです。

　ボレーの仕方としては、その場で一度ジャンプをし、サイドステップで動き、正面を向いたままローボレーします。ちなみに、右の連続写真ではベースラインプレーヤーが実演しています。サイドステップをすることで準備が早くなり、次のボールへの対応ができるようになります。

②でその場でジャンプ、⑦⑧で正面を向いたままローボレー

移動時から身体が斜めを向き、その状態でローボレー。次の体勢づくりができず、準備が遅くなる

フォア、バックともに
サイドステップで移動

ダブルフォワード用のローボレー（バック）

**正面を向くのは、
ポジションに戻りやすくするため**

ダブルフォワードのローボレーは、より攻撃的に、スピーディーなプレーが求められます。そのためコンパクトにプレーするには、サイドステップで送り足のないローボレーを身につける必要があります。送り足のあるローボレーも、送り足のないローボレーもともに習得しておきましょう。

素早く移動するために②で一度ジャンプ、⑦～⑧で正面を向いたままローボレー

バック側へ身体を移動させるために、半身になっている（②）。ネットに対して半身のまま④～⑥でローボレー。この状態からポジションに戻るには身体の向きを変えなければならず、時間がかかりすぎて、次の球で相手にセンターなどを抜かれる可能性も

テクニック 28

フォア、バックともに ネットに対して正面を向いてローボレー

65

ハイボレー（緩いボール）

とても難しいボール。
両手でボールをとりにいくイメージで

　試合の中で緩く短いボールが飛んでくる場面が多々あるかと思います。相手にとってはピンチであり、自分たちにとっては仕留めるチャンスになります。しかし、こういうボールを処理するのは実は難しいのです。

　私自身、こうした緩いボールを意識して練習をし、対応できるようになったことで、選手としてワンランクアップできました。このボールを克服したことが選手としての原点になったともいえます。

ラケットと左足は一直線に
打点を後ろにとる

緩く短いボールに対しては、ボールを呼び込んで自分のボールにすることがカギとなります。そうすれば、自ずとミスが少なくなるでしょう。
　具体的には、ボールを両手でとりにいくイメージで、ラケットと左足が一直線になるようにして、打点はやや後ろにし、スイングしていきます。ラケットを振りきるのではなく、止める感じを意識していきましょう。

ヒッティングボレー（バック側をフォアでとる）

利き足の右足を軸足に。上体をひねる

スイング時は右足を前に出しながらひねり戻す

バック側にチャンスボールが飛んできたときに、フォアに回り込んでボレーすることがあります。そのときに、身体をうまく動かして対応する必要があります。

通常、バックで処理するときは左足軸足でボレーをしますが、フォアで対応するため右足が軸足となります。その際、右足を前に出すことにより身体をひねり、そのひねり戻しでスイングしていきます。

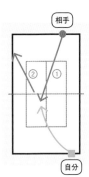

相手

② ①

自分

利き足を軸足にして上体をひねり、そのひねり戻しで打つ

ワンポイントアドバイス

ヒッティングボレー＝
ネットプレーヤーのサービスから前進する場面でよくあるパターン

　ネットプレーヤーがサービス後、ネットに向かって前進する際、自分のサービスがよければ甘いレシーブが短く飛んでくるはずです。そのときに前に詰めながら力強くスイングして叩き込むのがヒッティングボレー。サービス後の甘い球をしっかり叩けるよう、ヒッ

ティングボレーの練習を重ねていきましょう。特に、右利きならばバック側（センター）に飛んでくることも多いです。ヒッティングボレーは引っ張る方向にも流す方向にもボレーできるようにしましょう。

ヒッティングボレー（フォア側をバックでとる）

①〜②ではフォア側に移動しながらも、逆のバック側寄りのボールであると判断。③で軸足の左足を前に出す。⑤〜⑥で軸足にためをつくり、⑦〜⑩でラケットを払うようにスイング

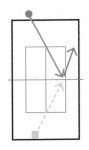

相手の打球が手前よりもバック側に。
ジャンプはせずに、軸足にためをつくる

　フォア側にチャンスボールが飛んできたものの、バック寄りのボールだったためにバックボレーをすることがあります。そのときに、身体をうまく動かして対応する必要があります。

　通常、フォアで処理するときは右足軸足でボレーをしますが、バックで対応するため左足が軸足となります。その際、左足を前に出すことにより身体をひねり、そのひねり戻しでスイングしていきます。

軸足の左足は前に出し、
ラケットは払うようにスイング

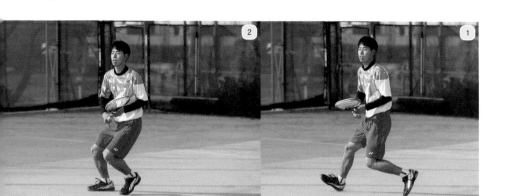

軸足が逆足のフォアボレー

軸足設定

右ヒザを伸ばして上体をひねり戻す

右ヒザを前に出して上体をひねる
右足を引き、上体をひねり戻してスイング

コートの中間地点付近にチャンスボールが飛んできたときに、スイングしながら叩くボレーのことをヒッティングボレーといいます。

このヒッティングボレーではランニングボレーなど身体の前でさばくショットとは異なり、やや打点を後ろぎみにさばいていきます。

また、甘い球なので、威力あるボレーを打ちたいところ。そのためには、右利きならば利き足の逆足である左足を軸足にして軸足設定。ジャンプしながら右ヒザを前に出して上体をひねり、ラケットを振り出すときに右足を引き、上体のひねり戻しでスイングしていきます。

利き足の逆足を軸足にして、ひねりを生かしてスイング

右ヒザを前に出して上体をひねる

ワンポイントアドバイス

タイミングのとり方をマスター

軸足設定し、上体をひねった体勢からどのタイミングでスイングしていくのが一番威力あるボレーになるのか、タイミングをはかる練習をしましょう。

たとえば、球出し者が山なりで短めの球を

ラケットで上げ、コート中間地点付近にいる練習者はタイミングをはかってジャンピングボレーをしていく。こうした練習を通じてタイミングのとり方をマスターしましょう。

軸足が逆足のバックボレー

微妙な高さ、速さのボールに対し、逆足でも打てるようにしよう

相手の打球がバック側に短く、やや山なりに飛んできた場合、バックのハイボレーをしようとバック側に移動したものの、タイミングが合わないといったことがありませんか。そのような微妙な高さ、速さで返球される難しいボールを処理するときに、うまく対応できるとライバルに差をつけることができます。

この場合、バック側に飛んできたボールをとるために移動し、右利きであれば左足を軸足としてボレーのスイングに入っていきますが、そこまで時間がないと判断したら、逆足である右足を軸足としてジャンプし、タイミングを合わせてボレーしています。

皆さんも瞬時の判断で逆足でもボレーが打てるよう、日頃から練習してみてはいかがでしょうか。

右足ジャンプでタイミングを合わせる

①で左足で軸足設定する時間がないと判断、②～④で右足を軸足としてジャンプ。ラケットを払うようにスイングし、右足で着地

逆に飛んできたときのローボレー

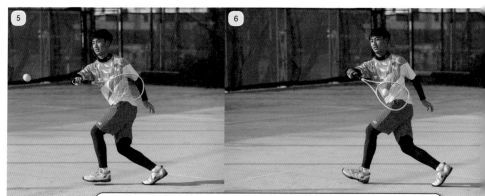

④から軸足となる左足を前に出しながら身体を右側に逃す。このことにより、相手コートのネット前に落とすようにコース付け。インパクト後、ボールに回転をかけ、ラケットは上へ回すようにフォロースルー

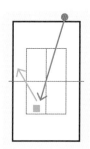

身体を逃がすことでネット前へとコントロールできる

　前ページのケースよりも、相手ボールが低く飛んできた場合、今度はローボレーで対応していきます。

　身体の使い方としては、フォア側に移動しながらも途中でバック寄りのボールだと判断し、軸足となる左足を前に出しながら上半身は右側に逃がしていきます。そうすることで、自然とボールは相手コートのネット前に落ちるコースに飛んでいくはずです。また、インパクトからフォロースルーまで、ラケットは円を描くように回していくイメージでボールを運んでいきましょう。

　このようなコースへ打つことができれば、難しい打球を打たれたとしても、切り返して逆に相手を苦しめることができるでしょう。

身体を右に逃がし、ネット前に落とす

テクニック
34

サービス＆ボレー

【クロスのフォアボレー】

ポジションはセンター寄り（①）で、④で身体の横でインパクト。フォロースルー（⑤）でコート外へ出すようにラケット面を向けてコントロール

ベースラインから打たれるボールとは異なる

相手レシーブを仕留めにいきたいとき、ベースラインから打たれるボールと同じようにボレーをしてはいけません。レシーブなので、ベースラインよりも前で相手は打球してきます。また、クロスでもサービスはセンター寄りに入れる場合が多く、相手は回り込んで打ってくるでしょう。つまりラケットを振り遅れてくることも頭に入れておかなければなりません。

ボレーのとり方としては、ベースラインから打たれるボールの場合はクロスステップでやや後ろ気味にインパクトしていきますが、レシーブをボレーする場合、ポジションはセンター寄りで身体の横でインパクトし、コート外へ出すイメージで角度をつけて小さく（コンパクトに）ボレーします。

小さくボレー、サイドステップでとり
コートの外に出す

ワンポイントアドバイス

なぜサイドステップなのか

たとえば味方のベースラインプレーヤーがサービスの場合、相手のレシーバーはベースラインから打ってくるときよりも前に詰めて、速いテンポで打ってきます。一般的なボレーと同じとり方では、間に合わず、かつ威力もあるのでボールの勢いに負けてしまいます。

さらに、クロスの場合、相手が回り込んでクロスに打ってくる球は、ややズレて飛んでくるので、横への対応が必要になります。つまり素早く横に移動できるサイドステップが適しているというわけです。

第2章

スマッシュ

スマッシュも、ボレー同様にさまざまな状況を想定した打ち方や身体の
さばき方、フットワークなどを解説していく。また、ジャンピングス
マッシュを段階的にマスターできるように効果的な方法も紹介。一方で、
相手にスマッシュを打たれたときのフォローについても触れている。ぜ
ひ、「破壊力抜群」かつ「ミスのない」スマッシュを豪快に放つととも
に、相手にスマッシュで得点されないよう阻止するテクニックも身につ
けていこう。

スマッシュのスイング基本（導入）

左手を振り下ろすイメージで右手をスイングさせていく

ミスなく威力あるスマッシュを打つためには、身体を効率よく動かすことが大事です。ここでは、理にかなったスイングについて説明していきましょう。

まずは、グリップについてです。スマッシュやサービスなどのオーバースイングするものは、セミイースタンの握りがよいでしょう。初級者には難しいかもしれませんが、中上級者になったらぜひトライしてみてください。

スイングについては、身体の各部位が連動し

左ヒジが上がり、右肩は下がっている

左ヒジが下がれば、右肩が上がっていく

インパクト時は頭を利き手の逆側に傾ける

左ヒジが下がれば右肩が上がる

ながら動いていくことで力強いインパクトができます。打球地点で軸足である右足に体重を乗せたあと、左ヒジを下げることで右肩が上がります。

そして左手を振り下ろすイメージで、ラケットを握る右手をスイングさせていくのです。また、インパクト時には頭を左（利き手の逆側）に傾けることで、よりスムーズに、威力のあるスイングとなっていきます。

【スマッシュはピッチングフォームと同じ動作】

上の連続写真とまさに同じ動作＝左ヒジが下がる→右肩が上がる→右手が振れる（＝左手を振り下ろすイメージで）。その際に頭は傾ける。野球のピッチングはスマッシュと同様に上半身、下半身を連動させた動きとなっている

スマッシュ（3つの打点）

おでこと打点の距離と角度は常に一定

基本的にスマッシュはおでこの前で打球します。しかし、思ったよりもボールが深かったり、落下してくるのが早かったときなど、身体が下がりきれないときもあるため、常におでこと打点の距離を変えずにスマッシュするとミスが減ります。

ここでは、A：打点がおでこの前／B：打点が後ろ気味／C：打点がかなり後ろ、と3つの打点に分けられますが、おでこと打点の距離と角度は常に一定。ただし、頭と左足の位置によって打点は変わります。それぞれ身体の使い方を理解して打っていきましょう。

【A:打点がおでこの前】

横　前

スマッシュの基本的な打ち方。おでこの前で高い打点からボールを叩いていく。踏み込み足は前に出る

前　横

お尻が引けると打点が前にしかとれず、ネットにかけるなどのミスにつながるので注意

NG

ミスをしやすいのは「身体が正面を向く」「お尻が引ける」人！

スマッシュを打球するときに横を向いた状態からスイングし、インパクトで正面を向くのではなく、スイングを始めたときから身体が正面を向いてしまうとお尻が引けてしまいます。

また、右ヒジが下がると打点が前にしかとれず、さまざまなボールに対応できません。ボールによって踏み込み足を変えることで、インパクト時のおでこと打点の距離を変えずにミスなくスマッシュが打てます。

打点は3つ。
頭と左足の位置によって打点が変わる

【B:打点が後ろ気味】

横　前

思ったよりも打球が伸びてきて身体が下がりきれずに打点
が後ろになった場合、右利きならば左足を横に開いて打つ

【C:打点がかなり後ろ】

横　前

Bよりも下がりきれない場合は、左足が下がったまま打つ。つまり踏み込めない

スマッシュのフットワーク(基本)

6 5 4

②から頭は左肩に乗る。③〜⑥左足(前足)をクロスさせて後ろに下がる。⑧⑨で右足(後ろ足)に重心を乗せてためをつくる

前足をクロスさせる

スマッシュをミスなく打つためには、やはりフットワークよく打球地点に素早く移動しなければいけません。

頭を左肩に乗せて、左足(前足)をクロスさせて半身で下がるのが基本となるフットワークです。そして、打球地点に入ったら、右足(後ろ足)に重心を乗せてためをつくって、スイングしていきます。

NG

スムーズなフットワーク、スイングを妨げるのは？

ここでは、ミスにつながるポイントを挙げていきます。たとえば、後ろへの下がり方は、上記でも説明したように、前足をクロスさせて下がっていくと自ずと身体が半身になっていきます。これに対して写真右端のようにネットに対して正面を向いたまま、お尻から下がるのはNGです。同様に、テークバック時も半身になるのが理想です。

また、テークバック時に身体を後ろに反りすぎるとインパクトのタイミングが遅れてしまいます。

半身になっていない

頭を左肩に乗せて
左足で下がるイメージで

身体を反りすぎ

正面を向いて下がる

ジャンピングスマッシュのフットワーク

【打球前からインパクトまで】

ジャンピングスマッシュでは深いボールを追う際、P86〜P87の「スマッシュのフットワーク」のとおり、クロスステップで下がります。そのとき、ボールの落下点が頭上より後ろの場合はジャンピングスマッシュで対応します。P84〜P85の「3つの打点」のうち『打点がかなり後ろ』でとらえるために、右足でジャンプをして半身になった場合（写真⑧）は、右足が前、左足が後ろに（⑨）下がることにより頭の位置が後ろで打つことができます。

【打球後、身体は後ろに逃げていく】

ジャンピングスマッシュを打ち終わったあと、打点を後ろでとらえたため、打球後は身体が後ろに逃げていきます。後ろに身体が逃げていくことで、打ったスマッシュに力がしっかりと伝わっていくでしょう

打球後に自然と後ろへとステップしていき、身体が後ろへと逃げていっている

右足ジャンプにより半身になり、右足前、左足後ろ、頭が後ろの体勢になる

逆クロスのスマッシュ

相手に狙われやすいコース、 日頃から練習を

　試合の後半になるとロビング展開が増えます。特に相手のベースラインプレーヤーは、終盤に逆クロスにボールを集める傾向にあり、ネットプレーヤーは逆クロスに追うスマッシュをすることで勝敗に大きく影響します。

　そのためにも、普段から逆クロスのスマッシュを追う練習をしておきましょう。逆クロスに打たれたボールを追うときは、追い始めは相手に背中を見せるような体勢で、バック側に身体を向かせて後ろへ素早く下がります。2〜3歩下がったのち、身体を反転させて、今度はフォア側にボールをとらえていきます。

　この下がり方のほうが、最初からフォア側に身体を向けて下がるよりも断然効率のよい下がり方であり、落下地点にも素早く到達できます。

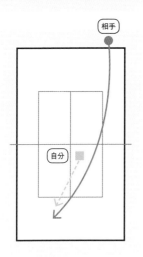

90

下がり始めはバック側に
ボールをとらえて下がる

バック側に追う体勢から身体を反転させる

両足ジャンピングスマッシュ導入（STEP1）

**両足ジャンプをすることで
タイミングを合わせやすくなる**

　ジャンプのタイミングがわからないという人もいるでしょう。ジャンピングスマッシュを行う前に、両足ジャンプでスマッシュをすると、落下してくるボールに対して、インパクトのタイミングを合わせやすくなります。

　両足ジャンプの前に一度沈み、⑥で曲がった両ヒザを伸ばした⑧でインパクトすることを覚えましょう。

> 球出し者が山なりの甘いボールを上げ、練習者が両足ジャンプでスマッシュを返球する練習も取り入れてみよう

①

②
一度沈む

⑥
両ヒザが曲がる

⑦

⑧
身体が落ちてくるところでインパクト

テクニック
41
ジャンプ前に一度沈み、
身体が落ちてくるところでインパクト

両足ジャンピングスマッシュ導入(STEP2)

落下してくるボールに対して、前進しながらスマッシュ。④で身体を沈め、両足ジャンプ。⑩〜⑪で身体が落下する際に打球する

身体が落ちてくるところでスマッシュ

STEP1を踏まえ、STEP2では前進する中で両足ジャンプでスマッシュを打ってみましょう。つまり、今度は移動しながらジャンピングス

マッシュを打つ動きをマスターしてきます。

STEP1同様に、落下してくるボールに対し、両足ジャンプの前に一度身体を沈め、写真⑦の

前進しながら両足ジャンプで
タイミングをつかむ

ヒザが曲がったところで滞空時間をつくり、ヒザが伸びる⑪でスイング（インパクト）します。曲げたヒザを伸ばすことによってラケットのスイングスピードが上がるため、そのタイミングを覚えましょう。

両足ジャンピングスマッシュ導入(STEP3)

後ろに下がってジャンピングスマッシュ

　STEP3では、STEP1、2の段階を経て、前から後ろに下がるジャンピングスマッシュを行います。ここまで両足ジャンプなどを取り入れることでジャンプ、インパクトのタイミングを身につけてきました。

　実戦でスマッシュを打つ場面では、おおよそジャンピングスマッシュになることが多いかと思います。

ジャンプのタイミング、
落下時にインパクトを意識

両足ジャンピングスマッシュの場合、クロスステップで下がったあと、フットワークの流れの中で左足（写真③）、右足（④）の順でステップを踏んでジャンプします。曲がった両ヒ

ザ（⑦）を伸ばした際の反動を使い、スイング（インパクト）していきます。特に打点の位置に注意して打ちましょう。

左足軸足のスマッシュ（基本）

④で軸足ではない逆足の左足に体重を乗せ、⑥⑦で左足でジャンプ。⑪では左足で着地

相手打球とタイミングが合わなければ軸足を逆足に変えて打つ

　落下地点までの距離、到達時間が短い…などの状況により、自分がどのようなスマッシュの打ち方をすればミスが少なくなるか、判断する

のが難しいときがあります。しかし、軸足が逆足でも打てるようになると、さまざまなボールに反応でき対応力もアップします。

左足（逆足）を軸足にしてジャンプ。
どんなボールにも対応できるように

　ここでは、逆足（右利きならば左足）を軸足としたときの身体の使い方を覚えていきましょう。まずは移動せずに、その場で左足を軸足と

してジャンプし、スマッシュを打ってみます。左足に頭を乗せて（重心）打つことで軸がブレません。

左足軸足のスマッシュ（走りながら打つ）

【左足軸足】

【走り抜ける】

> スイングした
> 瞬間に右足に
> 踏み替える

難しいボールをミスなく打つため
左足軸足で「走りながら打つ」

　通常、スマッシュは踏み込んで打ちます。ただ、試合の中では打ちづらいスペースにチャンスボールが上がってくることがあります。

　たとえば、逆クロスに短くフラッと上がって

きたようなチャンスボールの場合、打ち返すコースが非常に狭いスペースになります（相手コートのクロスの鋭角周辺）。

　このスペースにバックスマッシュで打つのは

テクニック

45 走り抜けることでミスを回避

落下地点に移動、⑤で左足(軸足の逆の足)を軸足として、スイングしていく。スイング後は走り抜けていく(⑦〜⑨)

左足軸足

非常に難しいため、あえてフォアで、かつ踏み込んで打つのではなく、左足軸足で右足を踏み替えながらスイングします。別のいい方をすると、打点を斜め左上にとらえ、左足軸足で右足を踏み替えながらスイングしていくのです。

左足軸足のスマッシュ（フォアorバックで迷ったら）

⑤で左足を軸足設定。⑤〜⑩で走りながら打つことで、動きの中で自然とスイングができる。かつ、走り抜けるパワーがインパクト時にボールに伝わっていく

「左足軸足」＋「走り抜け」で自然なスイングができる

前ページからの続きとなりますが、左足軸足のスマッシュは、右利きならば逆クロスにフラッと短めに上がってきたボールなどを処理する場合に使えるプレーです。

「バックで打とうか？」「フォアで打とうか？」と判断がつきづらい位置、高さに上がってきたボールに対して、軸足を左足にすることで身体をしっかりさばかなくとも打てるという

左足軸足のほうが
身体をさばかずに打てる

左足軸足

走り抜ける

メリットがあります。

　左足を軸足にしてスイングし、走り抜けていくことで、自然とスイングができ、ボールに力を伝えることができるのです。

　ぜひ、実際にトライしてミスなく打てることを体感してみてください。

スマッシュのフォロー(とり方)

ラケット面を前に押し出し、ラケットは振らない

ボールをヒザの前でとらえ、ラケットは振らない

　ここでは、スマッシュの打ち方ではなく、スマッシュのフォローの仕方を説明していきましょう。

　試合の中で相手のスマッシュをフォローできると、非常に有利になります。簡単にポイントをとらせないわけですから、戦いづらい相手だなと思わせることができます。大会などで、よくスマッシュをフォローしている選手を見かけるかと思いますが、そういう選手は、フォローしやすいポイントを心得ているのです。

ワンポイントアドバイス

中上級者はラケットの握り替えも

　相手スマッシュのボールのコースにより、ラケット面をつくったまま両手で押し出すことができない場合もあるでしょう。中上級者になると、片手でラケット面を前に押し出しやすいようにグリップを握り替える（セミイースタン、イースタンなど）選手もいます。

　日頃の練習で、フォローしやすいグリップの持ち方を工夫していきましょう。

待球姿勢ではつま先に体重を乗せる

ボールはヒザの
前でとらえる

片足に体重を乗せる

では、さっそく、フォローのしやすい体勢についてお話ししましょう。待球姿勢では、つま先に体重が乗るようにします。いい換えると、片足に体重を乗せるイメージでしょうか。フォローする面（裏面）をつくっておき、ボールは

ヒザの前でとらえ、ラケットは振りません。ラケット面を前に出して、手の甲でボールを押し出します。

スマッシュのフォロー（ポジション）

下がりすぎると、相手打球がワンバウンドしてとりづらくなる

　相手のスマッシュをフォローする際、どの位置まで下がるのがよいのか、判断がつきにくい人も多いのではないでしょうか。

　基本的に、サービスボックスの1歩手前にポジショニングするのがよいと思います。サービスライン上など、あまり下がりすぎると相手のスマッシュがワンバウンドしたりして、かえってとりづらくなるので注意しましょう。また、

サービスラインよりも後ろからフォローすると、相手コートに入れるために距離を出さなくてはいけません。そうすると、腰よりも上まで裏面で押し出さなければならず、フォローしたボールはアウトになってしまいます。そのため、裏面で、腰からラケットを押し出すことができる範囲としても、サービスボックスの1歩手前が適切といえます。

相手がスマッシュの体勢に入ったら、ネット付近から素早く後ろに下がり、サービスボックスの1歩手前でフォローの待球姿勢をとる

サービスボックスの1歩前で待つ

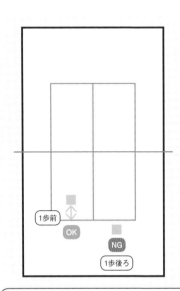

サービスボックスの
1歩手前

OKの位置では、相手のスマッシュを待つと腰からヒザの位置にボールが飛んでくる確率が高い(フォローしやすい位置に飛んでくる)。一方、NGの位置では、相手から飛んでくるスマッシュがとりづらい確率が高くなる(フォローしづらい位置に飛んでくる)

サービスライン
より後ろ

第3章

駆け引き

高商・紙森総監督のもとには、「"ネットプレー"を学ぶなら…」とライバル校の選手らも集まってくるほどで、その指導には定評がある。『駆け引き』や『間合いのとり方』などについての解説は、紙森総監督の真骨頂ともいえる。この章ではネットプレーヤーの駆け引きの必須ポイントである「我慢して動かないとき」「ネットへの詰め方」「移動の仕方」「ボールをとりにいくタイミング」について説明していく。

ネットへの詰め方

味方のベースラインプレーヤーが
打ったら前に詰める

　サッカーのゴールキーパーは、相手と1対1になってしまったら、できるだけ前に詰めてボールを止めます。これは、前に出るほど相手の打つ角度が小さくなり、止めやすくなるからです。同様に、ネットプレーヤーもネットに詰めてボレーするほうが守るスペースは狭くなります。だからこそ、ネットプレーヤーのポジショニングで前に詰めることは重要なのです。

　ネットへ詰めるポジショニングを速く行うのはもちろんのこと、そのタイミングは、味方のベースラインプレーヤーが打ったら前に詰め、相手ネットプレーヤーが味方のベースラインプレーヤーの打球をとりにいきそうならば、それをフォローするために下がります、とらなそうであれば、そのままネットについて相手ベースラインプレーヤーとの間合いを合わせます。つまり、相手のネットプレーヤーとは前後の動きは真逆になってくるわけです。

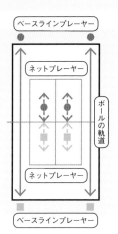

自分が前に詰めるとき、相手ネットプレーヤーはフォローのために後ろに下がる。逆に相手ネットプレーヤーが前に詰めるとき、自分はフォローのために後ろに下がる。また、味方のベースラインプレーヤーの球種やコースは、相手ネットプレーヤーの目線や顔を見ているとわかる。つまり、味方のベースラインプレーヤーのボールの情報は相手ネットプレーヤーから得られる

ベースラインプレーヤー

ネットプレーヤー

ボールの軌道

ネットプレーヤー

ベースラインプレーヤー

相手のネットプレーヤーとは前後の動きが真逆に

ネット奥側の選手が相手ネットプレーヤーを見ている＝相手ベースラインプレーヤーがボールを打ったので、相手ネットプレーヤーは前に詰めている。自分はフォローのため後ろに下がる

ネット手前の選手が相手ネットプレーヤーを見ている＝相手ベースラインプレーヤーがボールを打ったので、相手ネットプレーヤーは前に詰めている。自分はフォローのため後ろに下がる

①〜②手前のネットプレーヤーの動きとしては、相手ベースラインプレーヤーがボールを打ったため相手ネットプレーヤーの動きを見ながら後ろに下がる。③では味方のベースラインプレーヤーがボールを打ったためネットに詰める。前に詰めたときのネットとの距離は、ラケット1本分くらいがよい

間合いのとり方「動かないで我慢するとき」

・・

我慢して動かずにいる時間と一気に動いていく瞬間がある

ネットプレーヤーは相手のベースラインプレーヤーと駆け引きをしながら、味方のベースラインプレーヤーが打ったボールの勢いや場所によって瞬時に判断しなければならず、その上、相手に動きを先に悟られてはいけません。悟られないためには、相手との間合いを合わせて、相手がコースや球種を変えられないギリギリのときに動きます。つまり、我慢して動かずにいる時間と、一気に動いていく瞬間があるのです。

では、ネットプレーヤーが我慢をして動いてはいけないときはいつなのでしょうか。それは、「味方のベースラインプレーヤーが打ったボールが、相手コートでワンバウンドしてバウンドが頂点に上がるまで」です。逆に、バウンドの頂点からボール1〜2個分落ちたときが、ベースラインプレーヤーが相手のネットプレーヤーを惑わすためにボールを引きつける時間となります。

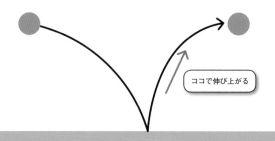

ココで伸び上がる

②で味方のベースラインプレーヤーが打ったボールが、相手コートでバウンド。1歩右足を前に出す。③でバウンドが上がっていくが、動かない。④でバウンドが頂点に達し、身体を伸ばして間を合わせる。⑤からフォア側へフットワークを始め、一気にボレーに。この一連の流れが、相手のベースラインプレーヤーと間を合わせる、ネットプレーヤーのリズムといえる

5　　6

ボールのバウンドの直後に動いてはいけない
（ロビングのボールに対して）

バウンド上がる。動かず我慢

バウンドが頂点

間合いのとり方「移動の仕方」

右ストレートのポジションに素早く移動

自分

クロスラリーから味方のベースラインプレーヤーがストレートにロビングを打つ。相手のベースラインプレーヤーが逆クロスに走り、返球しにいく場面。手前のネットプレーヤー（自分）は素早く無駄なくポジションチェンジをしながら、ボールがバウンドしたら我慢して動かず、身体を伸ばして相手と間合いを合わせる。そして、相手のベースラインプレーヤーがラケットを振り始め、味方のベースラインプレーヤーのいるストレートへ返球するところを狙って一気にボレーをとりにいく

サイドステップで素早く移動

　ポジションチェンジの際、相手のベースラインプレーヤーよりも先にサイドステップで移動します。ポジションチェンジをしたあとは、ボールのバウンド後にあえて動かず、相手と間合いを合わせ、相手がラケットを振り始める寸前に動いてボレーをとりにいきましょう。

　なぜサイドステップで移動するかというと、味方のベースラインプレーヤーが打ったコースによって、ネットプレーヤーは素早くポジションチェンジをしなければなりません。その際、効率よく素早く移動できるのが大きなサイドステップなのです。ポジショニングが遅いと、相手に打たれ、攻められることがあります。何よりも素早いポジションどりが大切。そのためにも最初の2歩は大きくサイドステップをとることを心掛けましょう。

テクニック
51 相手より先に動き、観察する時間をつくる

バウンドが頂点から下がる→ボレーをとりに動く

バウンドが頂点に上がる→まだ動いてはいけない

ワンポイントアドバイス

同じクロスボールでも落下した位置によりボレーをとりにいく距離が変わる

　大事なことなので「駆け引き」の章でも再度解説していきます。たとえば、クロスラリーをしている場合、味方のベースラインプレーヤーがクロスに絞って打ったとき（コート図左）よりも、センター気味に打ったとき（コート図右）のほうがクロスにボレーをとりにいく距離が長くなります。味方のベースラインプレーヤーが打った角度が異なることで、ネットプレーヤーの走る距離が変わることを理解しましょう。

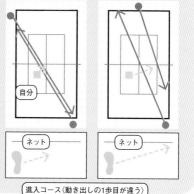

自分

ネット　　　　ネット

進入コース〈動き出しの1歩目が違う〉

間合いのとり方「ボールをとりにいくタイミング」

相手が早いタイミングで打ってくる場合は
バウンドの頂点で動き出す

　ここでは、ボールをとりにいくタイミングについてクローズアップしていきましょう。たとえば、下のコート図のように、クロスラリーから味方のベースラインプレーヤーがストレートに相手のベースラインプレーヤーを走らせた場面で、相手のベースラインプレーヤーが逆クロスに移動し、回り込んでストレートに打ってきます。味方のベースラインプレーヤーが打ったボールが相手コートでバウンドしてもネットプレーヤーはまだ動いてはいけません。バウンドが頂点に上がる頃、ネットプレーヤーは身体を伸び上げ（②）、相手がラケットを振り始めてボールを打つギリギリで、一気にストレートにボールをとりにいきます。

　つまり、相手のベースラインプレーヤーとともにポジションを移動させ、ボールがワンバウンドする頃にボールを見て、我慢して動かず、かつ相手が回り込んだら相手のベースラインプレーヤーと間合いを合わせます。

　しかし、右の写真のような相手のベースラインプレーヤーが前に詰めて高い打点で打つ場面では異なります。味方のベースラインプレーヤーの返球後、相手に早いタイミングで打たれる場合は、ネットプレーヤーはボールのバウンドの頂点から動き出す必要があります。つまり、打点によって動き出しのタイミングが異なるということです。

　逆に、ベースラインプレーヤーは相手のネットプレーヤーに間合いを合わせられているときは、打点の幅を変化させていくことで相手のネットプレーヤーを惑わすことができます。

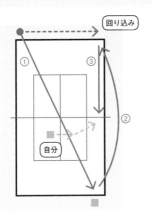

回り込み

自分

打点によって
動き出しのタイミングは異なる

相手のベースラインプレーヤーが回り込む。ネットプレーヤーは間合いを合わす

ワンポイントアドバイス

味方のベースラインプレーヤーのボールは見てはいけない

ラリー中に、味方のベースラインプレーヤーのことを見てコースを確認する選手をよく見かけます。こうするとポジショニングが遅くなってしまうため、絶対にやってはいけません。ネットプレーヤーは味方のベースラインプレーヤーのボールが背中越しに見えるものの、それを見ずに、自分は相手のベース

ラインプレーヤーの動きに合わせてポジショニングしていきます。

具体的にいうと、ネットプレーヤーは味方のベースラインプレーヤーの打球は見ずに、相手のネットプレーヤーの目線や顔、相手のベースラインプレーヤーの動きを見て、素早くポジションチェンジを行いましょう。

味方のベースラインプレーヤーが打球後、相手のネットプレーヤーの目線や顔、相手のベースラインプレーヤーの動きを見る

味方のベースラインプレーヤーのボールを見ているとポジショニングが遅くなる

間合いのとり方「自分でボールをとりにいく」

相手と間合いを合わせる

ボレーをとりにいく際のタイミングは非常に重要で、早すぎても遅すぎてもダメです。

①ベースラインとサービスラインの間くらいからネットプレーヤーが自分で上げボールし、そのままネットに向けて前進

②球出し者は、クロスへ打つ

③ネット前に詰めたネットプレーヤーはクロスのフォアボレーをする

④球出し者がテークバックし、上げボールをしたボールのワンバウンドに間合いを合わせてスイングをし始めたベースラインプレーヤーにタイミングを合わせ、フォアボレーに動き出す

自分で上げボールをする際、速いボールや緩いボールを上げることで、相手との間合いを変えることができます。

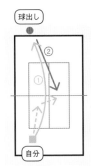

ネットプレーヤーは①で上げボール、③で前に詰める。③～⑤で球出し者と間合いを合わせる

テクニック 53　間合いを合わせてボレーする

第4章

厳選！
高商流ネットプレーの
練習メニュー

「高商で行われている練習メニュー」に興味津々の人も多いことだろう。「躍動感」「華麗」「ダイナミック」、それでいて巧みなテクニックも繰り出す高商の選手たち。ここでは日頃、彼らが行っている練習の一端をクローズアップ！　ボールをやや後ろ気味にとらえる感覚を養うためのユニークな練習から、予想とは異なるコースに飛んできたスマッシュボールに対する身体のさばき方など、「とらえどころがさすが！」とうならせられるものばかり。ぜひ、これらのメニューにトライし、ネットプレーの技術力向上につなげよう！

ネットプレーヤー3人×ベースラインプレーヤー3人（フォアボレー）

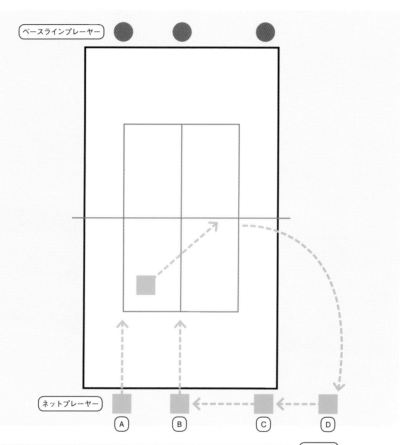

ベースラインプレーヤー

ネットプレーヤー

A　B　C　D

練習方法

①両サイドにネットプレーヤー3人（A、B、C）、ベースラインプレーヤー3人がコート図のように入る(Dはコートの外側で待機)

②ネットプレーヤーAもしくはBがストロークから前に走る。ベースラインプレーヤーは前に出てきたネットプレーヤーにローボレーをさせるボールを打つ

③ローボレーをしたネットプレーヤーはその後ネットに詰めていき、相手のベースラインプレーヤーのストロークに間合いを合わせ、フォアボレーを行う。続いてDがコートに入る

④クロス側にいるCはストローク後に前に行くことはない。AかBが前に出たときに左側にズレていく

ポイント

◎ネットプレーヤーは自分がストローク、ローボレーを打ったコースにより、次の打球がどの位置から打たれるかが変わる。瞬時に判断して動いていかなければいけない

ストローク→ローボレー→フォアボレーの連続プレー

④ ③ ② ①

①〜②ローボレー、③〜④で前進。⑤でネットにつき、⑥でクロスに飛んできたボールをフォアボレー

⑥ ⑤

⑧ ⑦

ネットプレーヤー3人×ベースラインプレーヤー3人(バックボレー)

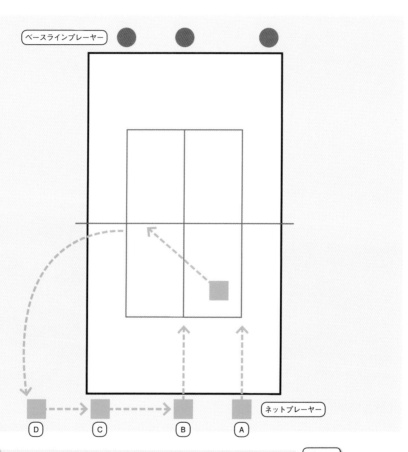

ベースラインプレーヤー

ネットプレーヤー

Ⓓ　Ⓒ　Ⓑ　Ⓐ

練習方法

①両サイドにネットプレーヤー3人（A、B、C）、ベースラインプレーヤー3人がコート図のように入る（Dはコートの外側で待機）

②ネットプレーヤーAもしくはBがストロークから前に走る。ベースラインプレーヤーは前に出てネットプレーヤーにローボレーをさせるボールを打つ

③ローボレーをしたネットプレーヤーが、その後ネットに詰めていき、相手のベースラインプレーヤーのストロークに間合いを合わせ、バックボレーを行う。続いてDがコートに入る

④逆クロス側にいるCはストローク後に前に行くことはない。AかBが前に出たときに右側にズレていく

ポイント

◎ネットプレーヤーは自分がストローク、ローボレーを打ったコースにより、次の打球がどの位置から打たれるかが変わる。瞬時に判断して動いていかなければいけない

ストローク→ローボレー→バックボレーの連続プレー

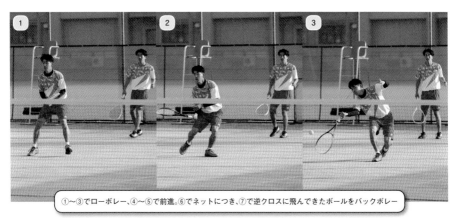

①～③でローボレー、④～⑤で前進。⑥でネットにつき、⑦で逆クロスに飛んできたボールをバックボレー

ローボレーのラケットワーク

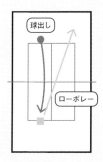

球出し

ローボレー

練習方法

①コート図のように、球出し者が逆クロスのサービスライン付近にいる練習者に対して上げボール
②練習者は逆クロスに向けてローボレーで返す

ポイント

◎ネットプレーヤーが前に詰めていくとき、相手のベースラインプレーヤーはセンターに打つことが多い。その際、ネットプレーヤーは積極的にセンターのボールをさわりにいくことで、味方のプレーヤーを助けるとともに相手にプレッシャーを与えることができる
◎流す方向へのローボレーを覚えることで、ネットプレーヤーとしての幅が広がる。だからこそ、しっかりとローボレーのラケットワークを覚えたい
◎インパクトではボールの内側をこすり、ラケットを上に抜いていくイメージでスイングしていく

ボールの内側をこすり、
ラケットを上に抜いていく

流す方向に打つときは、インパクト後にラケットを上に抜くようなスイングになっている。引っ張る方向に打つときは②のインパクトでボールの内側をこすり、ドライブ回転をかけてラケットを払うようなスイングになる

【流す方向に打つとき】

【引っ張る方向に打つとき】

⑥のインパクトでボールの内側をこすり、⑦～⑧では上にラケットを抜くイメージでスイングしている

ローボレー導入練習「後ろに下がりながら」

かかとに体重を乗せる

ボールを引きつける

練習方法

①練習者、球出し者がストレートに入る
②サービスラインの1歩前くらいに立ち待球姿勢をとる練習者に対し、球出し者がベースライン付近からローボレーの球出しをする
③練習者は後ろに下がりながらローボレーをする

ポイント

◎練習者は待球姿勢の状態から、1歩目はかかとから入る
◎ボールをとりにいくイメージではなく、ボールを呼び込んで引きつけて打つ
◎フォアは打点を後ろ、バックは打点をやや前にとる

NG

お尻を突き出し、打点を前で合わせるのは×

　この練習では、ボールを呼び込んで引きつけることを狙いとしています。お尻を突き出して、ボールを前で合わせてとるのはNGです。自分のボールにできるよう、日頃からローボレーのインパクトの感覚を養いましょう。

メニュー 04 ボールを呼び込んで引きつける

ヒザを緩める

お尻を突き出し、身体が「く」の字になり、自分からボールをとりにいってしまっている

ローボレー練習「8の字」

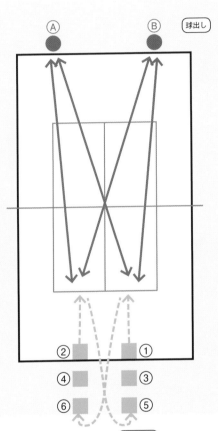

練習方法

①コート図のように、クロスの練習者（①）が
ローボレーをストレートに返球すると、逆クロス
の練習者（②）は逆クロスから飛んでくるボール
をローボレー。クロスの練習者がローボレーをク
ロスに返球すると、逆クロスの練習者はストレー
トから飛んでくる球をローボレーする
②球出し者はクロス（逆クロス）、ストレートは
交互に打つ
③練習者は1本交代でクロスが終わったら、逆ク
ロスへ。逆クロスが終わったらクロスへ移動

ポイント

◎ネットから離れた場所で行うボレーを、フォローされる
ことも考えながら瞬時に決められる場所を見極める練習。
判断力が大切で、この練習をうまくこなす選手は強い選手
といえる
◎特に、ベースラインプレーヤーはコート半面のスペース
を狙って打ってくる確率が高いため、練習者は相手の打っ
てくるコースを予測していこう
◎前の練習者のローボレーのコースにより、ボールが飛ん
でくるコースが変わる。練習者は、そのコースを確認して
から前に出るようにする
◎球出し者も相手のミスを誘うコースや高さなどを判断
し、返球される場所も予測できるようにする
◎ネットプレーヤーＶＳベースラインプレーヤーという
感覚で、互いに常に攻めにいくことを忘れずに

リズムよくローボレー、素早く移動していく

練習時、リズムよく8の字を描けるように素早く移動

ワンポイントアドバイス

浮いたボールは決めにいこう！

　この練習ではベースラインプレーヤーからの球出しがストレート、クロス（逆クロス）と、同じポジションでもボールの飛んでくるコースが異なることにより、身体のさばき方などが違うことを意識できる練習になっています。

　また、ボールの質もシュートボールだけではなく、浮いたボールや甘いボールを上げるなどバリエーションをつけると、さらに実戦に役立つでしょう。実戦同様に、ネットプレーヤーは浮いた球が上がってきたら、迷わず決めにいきましょう！

ベースラインプレーヤーのローボレー練習①「3対3」

①【3対3】素早い準備を

練習方法

①コート図のようにそれぞれのサイドに3
人ずつが入り、ストロークとボレーのラ
リーを交互に続けていく

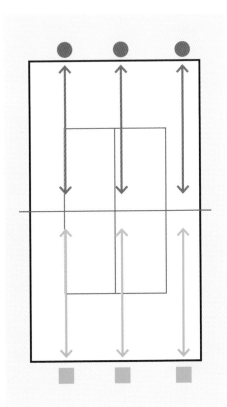

ポイント

◎6人とも常にジャンプをして次のボールに備える
◎前についている3人はサイドステップでボールに対応
◎前に詰めるときは、3人が一気に前進。コート後方に下
がるときも素早く移動
◎これまでのソフトテニスでは左右に相手を動かすこと
が主流であったが、近年では前後に動かすプレーが非常
に多く、多種多様なプレーが求められる

移動は素早く、常に次のボールに備える
（前後の動きに対応する）

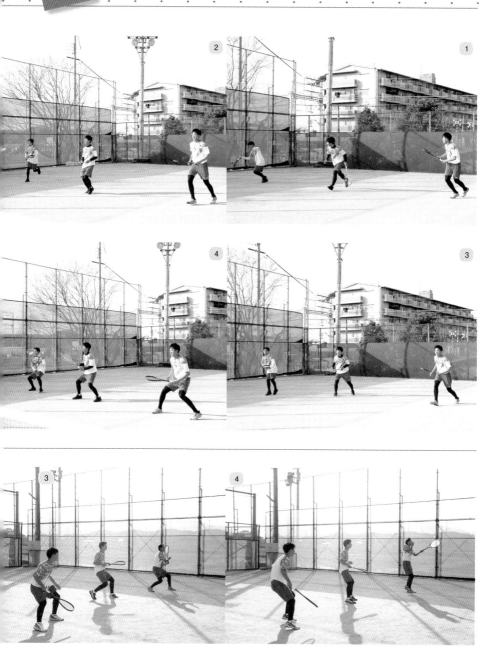

ベースラインプレーヤーのローボレー練習②③「3対3」

②【3対3】ポジション移動

練習方法

①コート図のように、両方サイドに3人ずつ入る

②ネット中間にポジションをとる3人について、写真のように、ローボレーした人は左右どちらかのプレーヤーとポジションを入れ替わる

ポイント

◎ポジション移動は、それぞれがタイミングを計りながら、ポジションに穴を空けないように行う

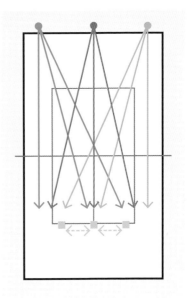

素早く動くためにもサイドステップを活用

B　A　C　A　B

③【3対3】ショートボールがきたら前へ

練習方法

①コート図のように前3人、後ろ3人でそれぞれのサイドに入る

②ラリーを続け、ショートボールが飛んできたら、3人で一気に前へ。逆サイドの選手も前におびき寄せられたら、6人でボレー＆ボレーをする

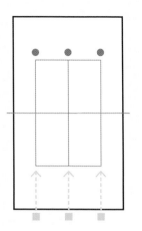

ポイント

◎常にサイドステップをして準備していると、素早く次の動きに移行できる

緩いボールを叩く

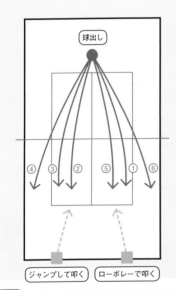

ジャンプして叩く　ローボレーで叩く

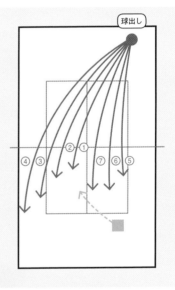

練習方法

●コート中央から球出し者がさまざまなコースに緩いボールを球出しする。練習者はコート図のように①⑤⑥はスイングボレーで叩き、②③④はハイボレーでジャンプして叩く

練習方法

●逆クロスにいる球出し者が①〜⑦までの各コースへ緩いボールを球出しする。それぞれのコースのボールを練習者は決めにいく
①バックのハイボレー／②フォアのハイボレー／③スマッシュ／④ジャンピングスマッシュ／⑤フォアのスイングボレー／⑥バックのスイングボレー／⑦バックのローボレーと思いきやフォアのローボレーでさばく

さまざまな状況を想定し、どのような状態でも返球できるようにする

ワンバウンド処理

ネット前に落ちたボールは「慌てず」「確実に」対応

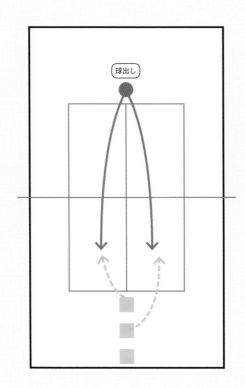

球出し

練習方法

①コート中央にいる球出し者はコート図のように、ネット前へフォア、バックと交互に球出しをする
②並んでいる練習者はネット前に挙げられるボールをワンバウンドで返す

ポイント

◎実戦でよくある場面であり、ネット前に落ちたボールをミスなく、確実に処理していく
◎慌てず、しっかりと返球するとともに、返すコースなども瞬時に判断できるようにしよう
◎「緩いボールを叩く」や「ワンバウンド処理」で対応するボールは実戦でよくあり、意外とミスをしやすい。このような場面練習に高商では時間を割いている。ちなみに、前ページのメニュー8とこのメニュー9の2つの練習は合わせて1時間くらいかけて行っている

逆どりボレー「ボールを後ろでとる」

【逆どりボレー「ボールを後ろでとる」】

練習方法

①練習者はネット前に、球出し者はベースライン付近に立つ
②球出し者がボレーの上げボール
③練習者は隣のコートに打つイメージでボレーする

ポイント

◎相手打球が予想と逆側に飛んできた際は、身体を逃がしながら逆どりをする。その場合、身体の前でボールをとるのではなく、身体よりも後ろでさばく
◎インパクトで引くイメージでボレーしてみよう

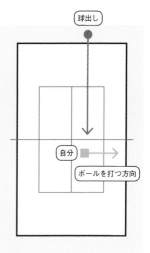

球出し

自分

ボールを打つ方向

メニュー

10 ボールを後ろでとるため、身体を逃がしながら打つ

この連続写真はバックボレーにいこうとしたら、逆側のフォア側に相手ボールが飛んできた場面。②から身体を逃がしながら、⑤〜⑥の間で身体の後ろでインパクトして返している。下の練習はこのプレーへの導入

隣りのコートに打っていくためにインパクトで
ラケットを引き、身体の後ろでボールをとらえる

ディフェンスボレー2本連続

【フォア側からバック側へ】

体重を乗せたまま2球目をとる

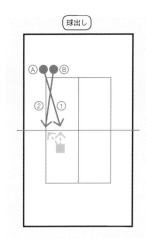

練習方法

①コート図は［フォア側からバック側へ］の例。クロスのポジションに入った球出し者Ⓐがサービスライン付近からセンターへ上げボール
②ネット前についた練習者はフォアボレーをする
③球出し者Ⓑは練習者のバック側に球出しする
④練習者はバックボレーで返球する
※同様に［バック側からフォア側へ］も行う

ポイント

◎ⒶとⒷの球出しのタイミングは連続的に上げる。練習者に時間を与えない
◎ディフェンスボレーでは「1」「2」の「2」の足をついてからボレーする
◎2球目はつま先を上げ、かかとからヒザに体重を乗せてとる
◎体重が片足に乗った状態だと連続でボールがとりやすい

球出し

ヒザに体重を乗せたまま、2球目をとる

1球目はフォア、2球目をバックでディフェンスボレー。右足に体重を乗せたまま、2球目をボレーしている

【バック側からフォア側へ】

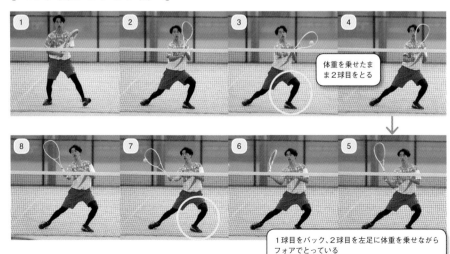

体重を乗せたまま2球目をとる

1球目をバック、2球目を左足に体重を乗せながらフォアでとっている

143

ジャンピングスマッシュの段階練習

【手投げの上げボール】

練習方法

コート図のように①の地点からの球出しの後は、②→③の地点からラケットでの球出しで同様の練習を段階的に行っていく

ポイント

◎段階別の練習でジャンプやインパクトのタイミングをつかんで、ミスなくジャンピングスマッシュを打てるようにする

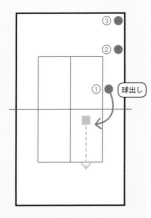

① 球出し

1

3

2

4

ワンポイントアドバイス①

指導者も一緒に沈んでジャンプ

上の練習で、身体を一度沈めてからジャンプするリズムがうまくとれない人には、指導者が一緒に同じ行動をとってタイミングをとりやすくさせるのも効果的です。

曲がったヒザを伸ばした際の
スイングしやすいタイミングをマスターしよう

ワンポイントアドバイス②

ミスをなくす方法とは？

ジャンピングスマッシュのミスは、インパクトのタイミングがズレることが原因に挙げられます。曲がったヒザを伸ばすことによってスイングスピードが上がり、ラケットが振りやすくなります。このタイミングでジャンピングスマッシュが打てれば、確実にミスは減るはずです。ぜひ、試してみてください。

スマッシュ＆フォロー3人

【スマッシュ＆フォロー3人】

練習方法

①練習者はコート中央のサービスライン付近に立つ

②球出し側には3人が入り、フォローしながらスマッシュの上げボールをする

③練習者は6〜7割のスピードのスマッシュを打ち、ラリーを続ける

ポイント

◎落下してくるボールの高さにより、落下速度が異なり、ボールとの距離感をつかむのは難しい。この練習で緩くスマッシュを打つことにより、さまざまな球質で返球されるフォローをスマッシュで返球し、距離のとり方を磨く

◎落下してくるボールにゆっくりタイミング合わせて、軸足（後ろ足）に体重を乗せて打つ

◎さまざまな球質のフォローがくるため、ボールに合わせて打点を「前」「横」「後ろ」（P84参照）に変えて、ミスなく打っていこう

どのようなフォローの球に対しても、軸足（後ろ足）にしっかり体重を乗せてスマッシュを打っていこう

落下してくるボールにゆっくり合わせ、軸足（後ろ足）に体重を乗せる

【スマッシュ＆フォロー2人】

練習方法

①練習者はコート中央のサービスライン付近に立つ
②球出し側には2人が入り、フォローしながらスマッシュの上げボールをする
③練習者はスマッシュで返球していく

ポイント

◎フォロー側が2人のため、3人のときよりもスマッシュが決まりやすい。チャンスボールは角度をつけて、しっかりと決めにいこう

① ② ③

相手のフォローが短く緩く上がってきたら、すかさず前に詰め、角度をつけて決めにいく

逆クロスを追いながらセンターでスマッシュ

①練習者が逆クロスのポジションに入る

②逆クロスにいる球出し者が、逆クロスにロビングを上げると思わせてセンター寄りに上げボールをする。練習者は逆クロスからセンター方向に移動し、スマッシュを打つ

ポイント

◎P90でも説明したように、ベースラインプレーヤーは試合終盤に逆クロスへロビングを打つ傾向がある。ネットプレーヤーにそれを予測されることもあるため、ベースラインプレーヤーは、相手にとられないように少しセンター気味にズラしてロビングを打とうとする。ネットプレーヤーは、そのズラされたコースを切り返して逆に決めることができるかどうか、そこが勝敗を左右するポイントになる

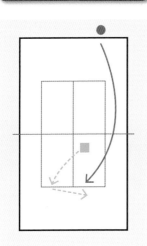

写真①で逆クロスに飛んでくると思い、ボールを追うものの、ボールがセンター寄りだと見極め、身体をフォア側へと切り返す（②）。軸足設定し、やや右側にジャンプして（⑥）スマッシュする

勝敗を左右する切り返しのスマッシュ

[著者]

紙森隆弘 かみもり・たかひろ

1974年、奈良県生まれ。高田商業→日本大学。大学卒業後、97年に和歌山県庁を経て県立和歌山北高校に赴任。ソフトテニス部を率いてインターハイ個人優勝を経験し、その後、2006年より母校・高田商業の監督に就任。当時、インターハイ団体で16回優勝を誇ったチームを引き継ぎ、その後、同団体で4度優勝。その他選抜、国体でもチームを何度も日本一に導く。選手としても、インターハイ優勝、インターカレッジ優勝など数々のタイトルを制覇。さらに98年には全日本選手権優勝の実績も持つ。

[撮影協力]
大和高田市立高田商業高等学校ソフトテニス部

[実演]
桑山信／幡谷康平／内藤慎思／濵田倫太朗／池田匠吾／矢野颯人／
鈴木秀幸／大原礼慈／両角友志／高木智也

ソフトテニス技術力向上本
高田商業ノート『ネットプレーヤーの極意』

2021 年 6 月 30 日　第 1 版第 1 刷発行

著　　　者　　紙森隆弘
発 行 人　　池田哲雄
発 行 所　　株式会社ベースボール・マガジン社
　　　　　　〒 103-8482
　　　　　　東京都中央区日本橋浜町 2-61-9　TIE 浜町ビル
　　　　　　電話　　　03-5643-3930（販売部）
　　　　　　　　　　　03-5643-3885（出版部）
　　　　　　振替口座　00180-6-46620
　　　　　　https://www.bbm-japan.com/

印刷・製本　共同印刷株式会社

©Takahiro Kamimori 2021
Printed in Japan
ISBN978-4-583-11363-0 C2075